LIBERTÉ. VÉRITÉ.

LE SECRET

DE L'ÉTAT,

OU

LE DERNIER CRI

DU VRAI PATRIOTE.

Clama, ne cesses.
IsAïe, c. 58, v. 1.

Il existe en France, il a existé à la cour, des sorciers, *des hommes et femmes-démons,* hommes et femmes qui communiquent réellement avec les démons, par maléfices et sortileges ont ensorcelé les têtes, horriblement séduit les premiers de la nation, et causé seuls tous les maux qui l'accablent !

Citoyens, pensez-y !

Et sciant, et recogitent, et intelligant....
quia manus Domini fecit hoc.
Isaïe, chap. 31, vers. 20.

An 4ᵉ.
M. DCC. XCVI.

PRIERES

SUIVIES

D'UNE INSTRUCTION.

PRIERES
ET INSTRUCTION.

PRECES

Ad implorandum Dei auxilium contrà magos et sagas reipublicæ christianæ hostes sempiternos.

PRIERES

Pour implorer le secours de Dieu contre les magiciens et sorciers, éternels ennemis de la république chrétienne.

Le pseaume 73. *Ut quid, Deus, repulisti in finem, etc.....* à none du samedi, dans les heures de Paris.

Le pseaume 78. *Deus, venerunt gentes, etc....* à complies du mardi.

Le pseaume 82. *Deus, quis similis erit tibi, etc...* à l'office de la nuit du samedi, 3ᵉ nocturne.

℣. *Adjutorium nostrum in nomine Domini,*

℟. *Qui fecit cœlum et terram.*

℣. *Sit nomen Domini benedictum,*

℟. *Ex hoc nunc et usque in saeculum.*

℣. *Esto nobis, Domine, turris fortitudinis,*

℣. Notre secours est dans le nom du Seigneur,

℟. Qui a fait le ciel et la terre.

℣. Que le nom du Seigneur soit béni,

℟. Maintenant et dans l'éternité.

℣. Soyez-nous, Seigneur, comme une forte tour,

(4)

℞. *A facie inimici.* — ℞. Contre les attaques de l'ennemi.

℣. *Exurgat Deus et dissipentur inimici ejus,* — ℣. Que Dieu se leve, et que ses ennemis soient dispersés,

℞. *Et fugiant qui oderunt eum à facie ejus.* — ℞. Et que ceux qui le haïssent fuient à sa présence.

℣. *Exurge, Christe, adjuva nos,* — ℣. Levez-vous, Christ, aidez-nous,

℞. *Et redime nos propter nomen tuum.* — ℞. Et délivrez-nous par votre nom.

℣. *Ora pro nobis, sancta Dei genitrix,* — ℣. Priez pour nous, sainte mere de Dieu,

℞. *Ut digni efficiamur promissionibus Christi.* — ℞. Afin que nous devenions dignes des promesses de Jésus-Christ.

℣. *Domine exaudi orationem meam,* — ℣. Seigneur, exaucez ma priere,

℞. *Et clamor meus ad te veniat.* — ℞. Et que mes cris parviennent jusqu'à vous.

OREMUS. — ORAISONS.

Domine Jesu Christe qui dixisti Apostolis tuis : Ecce dedi vobis potestatem super omnem virtutem inimici, da eorum successoribus, intercessione beatae Mariae Virginis matris tuae et sanctorum — Seigneur Jésus-Christ qui avez dit à vos Apôtres : *Je vous ai donné puissance sur toute la force de l'ennemi,* accordez à leurs successeurs, par l'intercession de la bienheureuse Vierge Marie votre mere et

Angelorum, ut dracone magno, qui seducit universum orbem alligato, ipsum eradicare et cum angelis suis apostaticis tandem explantare valeant.

des saints Anges, qu'après avoir enchaîné le dragon qui séduit l'univers, ils puissent enfin l'exterminer à jamais avec ses anges apostats.

Eorum qui contrà ecclesiam tuam cum inferno pactum fecerunt, quaesumus, Domine, infatua consilium, elide superbiam et dexterae tuae virtute contumaciam prosterne.

Nous vous en prions, Seigneur, répandez le vertige dans les conseils de ceux qui ont fait contre votre Église un pacte avec l'enfer; écrasez leur orgueil, et que la force de votre bras abatte leur féroce opiniâtreté.

A domo tuâ, Domine, spirituales nequitiae repellantur et aërearum discedat malignitas potestatum.

Seigneur, que les esprits méchans soient bannis de votre maison, et que la malice des puissances de l'air disparoisse.

Omnipotens sempiterne Deus qui caecitatem cordis nostrorum posuisti pœnam peccatorum, absolve, quaesumus, populum tuum ab omni vinculo delictorum, aufer velamen ab oculis ejus, ut magorum et sagarum qui maximè in domibus re-

Dieu tout puissant et éternel, qui avez voulu que l'aveuglement de l'esprit devint la peine de nos péchés, délivrez votre peuple, nous vous en conjurons, des liens de ceux qu'il a commis; arrachez le bandeau dont il a les yeux couverts, afin qu'il connoisse l'egum sunt, saevitiam agnoscat, et quibus, te adjuvante, possit eos armis impugnare.

Per Dominnm nostrum Jesum Christum filium tuum qui tecum vivit et regnat in unitate Spiritûs Sancti, Deus, per omnia saecula saeculorum.

Amen.

xécrable méchanceté des sorciers et sorcieres qui habitent principalement les cours des princes, et qu'il apprenne de quelles armes il doit les combattre avec votre secours; par notre Seigneur Jésus-Christ votre fils qui vit et regne avec vous dans l'unité du St. Esprit, Dieu dans tous les siecles des siecles.

Ainsi soit-il.

INSTRUCTION

Par demandes et par réponses sur les précédentes prieres.

D. 1. *Y a-t-il nécessité d'adresser à Dieu ces prieres, et d'abord l'église reconnoît-elle qu'il puisse y avoir des sorciers ?*

R. Il n'y a aucun doute que l'église a reconnu de tout temps, non-seulement la possibilité des *sorciers*, c'est-à-dire, de certains hommes et femmes communiquant réellement avec les démons : mais il est aisé de prouver qu'elle reconnoît qu'il y en a toujours *de fait*, même dans son sein, c'est-à-dire, dans l'assemblée des fideles, d'où l'on peut sommairement, et avant d'en venir à d'autres détails, inférer la nécessité de demander le secours de Dieu contre leurs œuvres malfaisantes.

2. *Comment prouveroit-on que l'église reconnoît qu'il y a de fait des sorciers ?*

Plusieurs raisons solides nous obligent de soutenir que la croyance de l'église est qu'il y a des sorciers en tout temps.

1°. Toutes les fois que les circonstances l'ont exigé, *Rome* l'a ainsi défini par l'organe des souverains pontifes. La faculté de théologie de *Paris* a aussi plusieurs fois formellement décidé que, du commerce de certains hommes avec les démons, il résulte des *faits* incontestables, et que l'opinion contraire est une erreur.

2°. La conduite que tient l'église, ou plutôt qu'elle prescrit à ses ministres dans leurs fonctions, est une preuve nouvelle qu'elle croit à l'existence des sorciers ou magiciens et à la réalité des maléfices. L'église met au nombre des *cas réservés* le crime de sorcellerie. Dans la célébration du mariage, le curé, par son ordre, prononce la peine d'excommunication contre ceux qui en empêchent l'effet par ligature, nouement d'éguillette, ou autre opération diabolique. Elle a établi des exorcismes et prieres expresses pour délivrer les époux ainsi maléficiés. Elle ordonne encore aux curés de déclarer excommuniés, tous les dimanches, au prône, les auteurs de ces sortileges, ainsi que *tous sorciers, sorcieres, magiciens et magiciennes, et ceux qui invoquent les démons.*

L'église prendroit-elle de semblables mesures contre un crime imaginaire? Tiendroit-elle cette conduite, si elle croyoit que la possibilité du commerce avec les démons est une possibilité éloignée, et qui jamais n'est réduite à l'acte?

3°. La réalité de la communication de certains hommes avec les démons, est la doctrine que l'église enseigne dans ses leçons sur cette matiere. Que l'on consulte les livres que *la théologie* met entre les mains de ses candidats, les *dictionnaires des cas de conscience,* celui *de la bible* en grand ou en abrégé ; le *dictionnaire théologique portatif*, et notamment les *conférences d'Angers*, 1er. volume sur le décalogue ; on y verra le dogme sur ce point solidement établi. Les ministres même de l'église protestante ne s'en sont jamais écartés ; plusieurs de leurs ouvrages en sont la preuve.

3. *Vous dites que* Rome et Paris *se sont expliqués plusieurs fois sur la réalité* du fait *des sorciers, pourriez-vous en donner quelqu'exemple ?*

En voici un sur mille. Vers la fin du quinzieme siecle, *Innocent VIII* donna contre les sorciers une bulle où il s'exprime ainsi : *Nuper ad nostrum, non sine ingenti molestiâ, pervenit auditum, quód in nonnullis partibus Alemaniae superioris .... nec non in Moguntinensi, Coloniensi, Trevirensi ...... provinciis et diœcesibus .... complures utriusque sexus personae .... cum daemonibus ,....... suis incantationibus , ... conjurationibus ....*

aliisque sortilegiis....... mulierum partus....... arborum fructus, nec non homines, mulieres, pecora...... frumenta....... perire, suffocari et extingui facere et procurare, ipsosque homines...... et animalia diris doloribus afficere,.......... ac eosdem homines, ne gignere, et mulieres ne concipere valeant, impedire non verentur....... Ce qui signifie littéralement :

» Depuis peu, et ce n'est pas sans
» en ressentir la plus grande douleur,
» il nous est parvenu que dans plu-
» sieurs parties de la haute Allemagne,
» ainsi que dans les diocèses de Mayen-
» ce, Cologne, Treves, etc... nombre
» de personnes de l'un et l'autre sexe,
» osent, de concert avec les démons,
» par enchantemens, conjurations et
» autres sortileges, étouffer des enfans
» dans le sein de leurs meres, faire
» périr les fruits, les blés, les bestiaux,
» les hommes mêmes et les femmes,
» tourmenter cruellement les animaux,
» et empêcher ces mêmes hommes d'en-

» gendrer, et leurs femmes de conce-
» voir, etc..... »

Le pape Innocent VIII étoit donc convaincu de la réalité de certains *faits* opérés avec les démons dans les contrées et diocèses dont il parle. Il énonce ces *faits* dans sa bulle dans le plus grand détail ; il décerne ensuite contre les sorciers des peines qu'il ne décerneroit pas sans doute, si leur existence ne lui étoit pas démontrée. D'autres souverains pontifes, nommément *Jean XXII, Sixte-Quint, Benoît XIV*, ont montré la même conviction.

Voici l'article dix-huitieme d'un décret de la faculté de théologie de *Paris*, rendu en 1398 ; lequel décret est plus d'une fois cité par les *conférences d'Angers*.

Quòd per tales artes et ritus impios, per sortilegia, per carmina et invocationes daemonum, per quasdam incantationes, et alia maleficia, nullus unquàm effectus ministerio daemonum subsequatur. Error. Ce qui signifie :

» Que de semblables pratiques et rits
» impies, de sortileges, charmes, in-
» vocations de démons, certains en-
» chantemens et autres maléfices, il
» ne s'ensuive jamais aucun effet par
» le ministere des démons. *Erreur.* »

Du commerce avec les démons il résulte donc des effets, et l'ignorance seule ou l'avenglement volontaire peuvent là-dessus jetter du doute.

4. *Vous avez dit aussi que l'église prescrivoit aux curés des regles de conduite à l'égard des sorciers, sorcieres, ou auteurs de maléfices. Où se trouvent ces regles ?*

Elles sont consignées dans les *rituels* de chaque diocèse.

5. *Qu'est-ce qu'un* rituel ?

Le rituel est un livre qui enseigne aux pasteurs le rit ou l'ordre qu'ils doivent tenir dans leurs fonctions, et la maniere dont ils doivent s'acquitter du ministere ; et ces fonctions, c'est l'administration de tout ce que Jésus-Christ et les apôtres ont institué pour les besoins spirituels et corporels même des fideles, comme sont les sacremens, de certaines prieres, des bénédictions, exorcismes et d'autres cérémonies saintes dont le détail est aussi pour cette raison renfermé dans *le rituel*.

6. *Ce livre est-il de quelqu'autorité dans l'église ? a-t-il quelqu'ancienneté ?*

Les *rituels*, que les évêques ont fait rédiger chacun pour leur diocèse respectif, sont tous copiés sur le *rituel romain*. Beaucoup de diocèses ne se sont servis, durant plusieurs siecles, et ne se servent encore que de celui-ci. *St. Grégoire le grand,* élu pape en 590, a retouché le sacramentaire ou *rituel* que *Gelase* premier avoit dressé avant l'an 496, et que l'on suivoit déja dans l'église de *Rome* depuis plus d'un siecle; mais ni l'un ni l'autre n'en ont été les auteurs. De tout temps on en a rapporté l'origine aux apôtres, et les successeurs immédiats de Saint Pierre avoient déja mis par écrit ce qui se pratiquoit par *tradition*.

7. *On assure que dans plusieurs rituels, nouvellement imprimés, on a retranché toute cette doctrine dont il s'agit ici, touchant les maléfices, les exorcismes, possessions, ligatures et autres opérations prétendues des sorciers et malins esprits. N'en faut-il pas conclure que l'église aujourd'hui la rejette cette doctrine, et la répudie comme* une vieillerie ?

Non. L'église ne varie point et ne variera jamais. Ce qu'elle a enseigné dès le commencement, elle l'enseignera jusqu'à la fin. Tout ce qu'on peut conclure de la suppression des exorcismes dans certains nouveaux rituels, c'est que les rédacteurs de ces rituels ont payé au *philosophisme* un tribut qui ne leur fait pas honneur. On ne voit pas qu'aucune assemblée d'évêques, aucun synode provincial ou diocésain, ni *à Rome*, ni *en France*, ait ordonné cette suppression; on ne le verra jamais. Si l'église approuve que l'on ôte du rituel les prieres des exorcismes, les censures ou dénonciations d'excommunication contre les sorciers et sorcieres, il faut donc supprimer aussi l'ordre *d'exorciste*, qui est l'un des *quatre mineurs*. Il faut que l'église ne fasse plus un *cas réservé* du crime de sorcellerie, qu'elle déclare au contraire que c'est un crime chimérique et qui n'a nulle réalité. Si cette suppression a eu lieu, elle n'est pas une des moindres plaies faites à l'église dans ce siecle, ni une des moindres atteintes portées à la foi. Elle autorise l'erreur la plus pernicieuse à tout gouvernement. Toutes les erreurs contraires à l'enseignement de l'église, ont été, depuis quarante ans sur-tout, victorieusement combattues. Celle-ci seule subsiste et triomphe.

D. 8. *Il est dangereux de propager dans les campagnes la croyance aux sorciers; n'est-ce pas là la raison de la suppression de cette doctrine dans certains nouveaux rituels ?*

R. Il y a plusieurs repliques à faire à cette observation.

1°. L'église éclairée, dirigée en tout par l'Esprit Saint, n'a pas vu sans doute que cela fût si dangereux, puisqu'elle ordonne d'en parler tous les dimanches au prône.

2°. Que l'on exagere tant qu'on voudra ce prétendu danger et les inconvéniens qui peuvent s'ensuivre, d'apprendre aux fideles que l'église surveille les sorciers, et qu'elle prémunit ses enfans contre leurs opérations malignes, en lançant sur ces scélérats ses anathêmes; ce danger, si on le compare à celui qui résulte du silence sur leur compte, ce danger n'est rien, c'est un phantôme qui s'évanouit, dès qu'on le voit de près, et ne vaut pas qu'on en parle.

En publiant, dit-on, l'excommunication des sorciers, ou, en disant seulement que l'église croit qu'il y en a, on donne aux habitans des campagnes la pensée de s'instruire de ce qu'ils pratiquent, et de le pratiquer eux-mêmes. On met le peuple grossier dans le cas de calomnier les objets de son aversion; il impute souvent ce crime à des familles entieres; il imprime à ces familles une tache ineffaçable, une note d'infamie, ce qui peut attirer sur des personnes très-innocentes, des sentences et des condamnations iniques.

Mais, d'autre part, que le ministre des autels retienne la vérité captive, qu'il garde sur les sorciers un silence que l'église lui commande de rompre, il ne les détruit pas, il les enhardit; ce silence les protege, leur procure un abri; ils agissent en sûreté; ils causent impunément des maux affreux aux hommes, aux troupeaux, aux campagnes, à toute l'espèce humaine. Une fameuse requête du parlement de Rouen, à *Louis XIV*, fait le détail de ces maux;

et ce détail est conforme à ce que dit *Innocent VIII*, dans la bulle citée plus haut, et à tout ce qu'en ont écrit les jurisconsultes qui ont traité cette matiere.

Et qu'on se récrie moins sur le dommage que l'accusation de sorcellerie peut porter à des familles; ce dommage est fort exagéré et n'a rien de réel. On feroit une longue liste de particuliers accusés de ce crime, et qui néanmoins sont morts tranquillement dans leurs lits : tels ont été le fameux *Jacques Aimar, le grand Albert, Briochet, d'Assoucy, Roger-Bacon, Balthazar Beker*, et mille autres. Les petits inconvéniens d'ailleurs qui peuvent résulter de la publication d'une vérité importante à la sûreté générale, doivent-ils empêcher qu'on ne la publie cette vérité? doivent-ils l'étouffer?

3°. Oter du rituel ce que l'église enseigne sur les sorciers, c'est, sur-tout dans le siecle où nous sommes, induire les fideles et la plupart des curés, en une erreur la plus funeste, c'est retrancher un dogme, c'est donner à croire que l'église varie, et que mieux instruite d'après les documens du *philosophisme*, elle regarde aujourd'hui la communication de certains hommes avec les démons, comme une chimere, et veut qu'on raie cet article de son antique croyance. Cette suppression, si elle a eu lieu, est donc un scandale et ne peut qu'irriter Dieu.

9. *La loi de Dieu parle-t-elle des sorciers ? les condamne-t-elle ?*

Rien de plus formel, rien de plus souvent répété, rien de plus positif que le commandement de Dieu à son peuple, par l'organe de *Moyse*, d'exterminer les sorciers. Voyez dans *l'exode* le chap. 22, vers. 18; dans le *lévitique* le chap. 19, vers. 31 ; le chap. 20, vers. 6 et 27.

S'il est à cet égard quelque chose encore de plus exprès dans l'ancienne loi, ce sont les menaces terribles que Dieu fait aux juifs, s'ils souffrent parmi eux des sorciers, s'ils participent à leurs pratiques. Voyez le *deutéronome*, chap. 18, vers. 9, 10, 11, 12, 13, etc... *Isaïe*, chap. 2, vers. 6, chap. 47, vers. 9, 10, 11, 12, etc.... *Michée*, chap. 5, vers. 11.

10. *Les loix civiles, les histoires profanes ont-elles aussi fait mention de cette engeance ?*

Il n'est point de peuple sur la terre qui n'ait donné contre ces *hommes-démons*, les loix les plus séveres. Tous les historiens en font foi, les Grecs, comme les Latins. Ceux-ci, et notamment *Tacite*, *Suétone*, *Ammien Marcellin*, *Pline le naturaliste*, etc..... présentent des faits magiques incontestables. Les recueils de jurisprudence de tous les pays, *France*, *Espagne*, *Allemagne*, *Pologne*, *Italie*, etc...... sont remplis d'ordonnances contre eux.
« On s'est laissé persuader que le par-
» lement de *Paris* ne reconnoît point
» de sorciers ; c'est une erreur démen-

» tie par cent arrêts contraires. » C'est ainsi que s'expriment *les journalistes de Trévoux*, dans leur feuille d'octobre 1732, page 1680.

11. *A s'en rapporter à tout ce qui est dit plus haut, il faudroit conclure que la croyance à l'existence des sorciers est un article de foi ; ce sentiment est-il soutenable ?*

L'église croit à l'existence des sorciers, l'église l'enseigne ; tirez maintenant la conséquence. De plus, la regle posée par *Vincent de Lerins*, dans son ouvrage pour discerner les hérésies, doit guider tout chrétien, et décide la question. La voici :

» Ce qui a été enseigné toujours, par
» tous les docteurs, et en tout lieu, doit
» être regardé comme de foi, *or*, *etc...* »

12. *Pourroit-on appuyer cette doctrine du témoignage de quelqu'auteur récent ?*

Bergier la soutient dans son traité

de la *certitude des preuves du christianisme*. Il dit, page 197, seconde édition...... » Depuis que la mode
» s'est introduite de nier les possessions
» et la magie, il est surprenant qu'au-
» cun de nos philosophes n'ait encore
» entrepris de réfuter les actes du pro-
» cès fait par le parlement de Paris,
» en 1691, contre les bergers de Pacy
» en Brie. »

Dans l'un de ses derniers ouvrages, après avoir allégué l'autorité *des écrivains sacrés, des anciens philosophes, des peres de l'église, des voyageurs*, sur le sujet du commerce avec les esprits, et notamment des *pactes avec le démon,* il ajoute ces paroles remarquables :

» Il est aisé de dire, *cela n'est pas*
» *vrai, cela est impossible ;* mais où
» est la démonstration ? Des témoigna-
» ges positifs sont une preuve ; l'igno-
» rance incrédule n'en est pas une. »

L'auteur du *dictionnaire portatif de la bible* in-8°. dit à l'article *magicien* : » C'est une force d'esprit très

» mal-entendue et une incrédulité très
» dangereuse de mettre sur le compte
» de l'imagination, de l'imposture ou
» de l'ignorance, tout ce que les livres
» saints attribuent formellement à la
» magie et à l'opération du démon. »

Le célebre M. *de Haën* a établi l'existence des sorciers dans un ouvrage latin, imprimé à Venise, en 1775.

Au commencement de 1785, l'auteur du journal de *Berlin* a dénoncé à l'Europe *Mesmer*, comme *magicien;* et pour confirmer sa dénonciation, il ajoute que dix ans auparavant, l'académie des sciences de la même ville avoit déclaré absurdes les théorèmes de ce personnage, et sa manœuvre incapable conséquemment de produire par elle-même les étonnans effets qu'elle a produits, et qui ont déconcerté toute notre physique. Ce journaliste met au même rang et sur la même ligne *Cagliostro*, qui séduisit la cour de *Versailles*, comme tant d'autres faiseurs de prodiges qui avoient jetté un sort sur la France dès l'époque de 1757 à 1760.

D. 13. *Les raisons apportées plus haut pour l'existence des sorciers, forment une sorte de preuve qu'on peut appeler théologique. Ne pourroit-on pas par le raisonnement simple, comme vous venez de l'insinuer, acquérir une autre preuve ou une* certitude morale *que réellement il en est actuellement ?*

R. Ce qui vient d'être dit, si les faits, très-constatés d'ailleurs, étoient bien examinés (et cet examen seroit facile encore à faire), produiroit plutôt une *certitude physique,* qu'une *certitude morale.* Mais sur cet objet, comme sur tout autre, l'église ayant prononcé, toute preuve ultérieure est superflue. L'église croit qu'il y a des *sorciers* en tout temps, comme en tout temps il y a des voleurs de grand chemin, des meurtriers, des usuriers, des concubinaires, etc.... d'après cette croyance il n'y a plus lieu au doute.

Cependant quiconque en effet réfléchit, quiconque observe certains événemens, certains contrastes, et sait s'en rendre compte, fera nécessairement ce raisonnement qui est assez concluant.

L'existence des sorciers dans le monde est appuyée sur les raisons les plus solides. Les loix divines et humaines, l'histoire sacrée et profane, le sentiment unanime, uniforme de tous les peuples, d'un nombre infini d'hommes distingués en tout genre et du plus grand mérite, *théologiens*, *jurisconsultes*, *législateurs*, *politiques*, *médecins*, *physiciens*; les édits, arrêts, ordonnances des rois, des empereurs; les décisions des conciles, l'aveu même de certains esprits forts; toutes ces autorités forment un faisceau de lumiere qui montre incontestablement qu'il y a dans le monde des hommes et femmes qui communiquent avec les *démons*; il n'est plus permis d'en douter.

D'un autre côté, depuis trente ans en France, on dit, mais sans preuves, on écrit, mais sans preuves, que cette doctrine est une extravagance, qu'il n'y a point de *sorciers*, que la *sor-*

cellerie est impossible : on affecte sur cet article de répandre les plus profondes ténebres, d'aveugler la multitude..... raison de plus de croire aux *sorciers*; puissant motif, raison décisive de croire, sans hésiter nullement, qu'il y en a. Ce sont eux qui les répandent ces ténebres tutélaires; ce sont eux qui aveuglent, ils y sont intéressés trop véritablement. A l'abri de recherches, sûrs de n'être pas poursuivis, pas même soupçonnés, ils renversent la république chrétienne, ils la hachent, ils ajoutent aux maux épouvantables qu'ils ont attirés sur elle, un mal plus désespérant encore, celui de l'ensorceler, de la fasciner, de lui persuader qu'elle est régénérée, lorsqu'elle est anéantie. Ce n'est plus ici une *certitude théologique*, c'est une *certitude morale*, que plus on discutera, plus elle acquerra de force.

14. *D'où sont tirées les quatre oraisons qui suivent les pseaumes que vous avez indiqués contre les sorciers?*

Elles sont tirées presque mot à mot du *rituel romain*, et de certains endroits de l'écriture sainte rapprochés.

15. *Peut-on croire sans erreur que les démons ont du pouvoir sur l'aïr, et cette croyance est-elle conforme à celle de l'église ?*

Saint Jérôme, qui vivoit au quatrieme siecle, dit expressément que l'opinion commune des docteurs est que l'air est rempli de malins esprits; l'église l'a toujours cru d'après *S. Paul*, qui, au chap. 2, vers. 2 de son épître *aux Éphésiens*, appelle le démon, *le prince des puissances de l'air;* et ajoute au chap. 6, vers. 12, qu'il y a *dans les airs* des esprits méchans.

16. *Pourquoi est-il dit dans les prieres présentes qu'il y a des sorciers et magiciens, sur-tout dans les cours des rois ?*

C'est que presque tous les auteurs

qui ont écrit sur cette matiere, le disent et insistent sur ce point. On peut consulter *Bodin* et *Delrio*. Cette vermine s'insinue principalement dans les maisons où il y a toujours le plus de mal à faire; et ces maisons, ce sont, sans contredit, celles des grands.

17. *On pourroit conclure de là qu'il faut raser ces maisons et ne plus permettre qu'elles subsistent ?*

Raisonner ainsi, ce seroit dire : il faut couper un arbre, parce qu'il est rongé de chenilles, ou, la tête d'un enfant remplie de poux. Détruisez l'insecte et conservez l'arbre.

CONCLUSION.

Il est nécessaire aujourd'hui, plus que jamais, d'implorer le secours de Dieu contre les méchancetés abominables des *sorciers*. On ne sauroit trop avertir les tribunaux de justice, les hommes en place, des trames infernales qu'ils ourdissent contre toute espece de gouvernement. Jamais aucun état, quel qu'il soit, en quelque forme qu'il soit, *aristocratique, démocratique, monarchique,* ou *républicain*, ne subsistera, ne verra la paix, la prospérité, la stabilité, tant qu'il n'admettra pas la croyance de l'église, et non seulement de l'église, mais de toutes les nations chrétiennes ou idolâtres, sur les sorciers et sur le crime de sorcellerie. Il verra au contraire fondre sur lui toutes les calamités, les fléaux, les malédictions et les vengeances dont Dieu menace son peuple, s'il laisse subsister ces monstres dans son sein, et s'il ne les extermine *aidé du ciel*.

Maleficos non patieris vivere. Éxod. 22, vers. 18.

Anima quae declinaverit ad magos et ariolos, ponam faciem meam contrà eam et interficiam. Levit. 20, vers. 6.

Cave ne imitari velis abominationes gentium, nec inveniatur inte qui ariolos sciscitetur, nec sit maleficus, nec qui Pythones consulat : omnia enim hæc abominatur dominus et propter istius modi scelera delebit eos. Deuter. 18, vers. 9 et suivans.

» Vous punirez de mort ceux qui
» usent de sortileges.....

» Quiconque aura recours aux ma-
» giciens et devins, je le regarderai
» avec indignation, et l'exterminerai...

» Gardez-vous d'imiter les abomina-
» tions des gentils, et qu'il ne se trouve
» personne parmi vous qui interroge
» les devins, qui soit magicien, ou qui
» consulte ceux qui ont un esprit de
» Python ; car le seigneur a en hor-
« reur toutes ces choses, et c'est à
« cause de ces sortes de crimes qu'il
« exterminera ces peuples....... »

Voilà le châtiment que pour de pareils crimes s'est attiré la France, et par dessus tout la capitale, de concert avec les grands *Roués* qui ont fréquenté la cour de France.

Citoyens, pensez !
Bons Parisiens, priez.

CITOYENS, PENSEZ-Y!

Bons Parisiens, priez, élevez à Dieu vos ames. Joignez la priere au jeûne. Réfléchissez. Si vous entendez, si vous voulez ne pas être sourds aux grandes vérités qui vous sont annoncées, dont la religion vous instruit, Dieu vous est propice, la nation sort de ses ruines, la patrie est sauvée!

Si vous refusez d'entendre, si vous soutenez de vos mains les épaisses écailles dont l'incrédulité a chargé vos yeux, si vous restez obstinément dans votre aveuglement, c'en est fait, il n'est plus d'espérance, vous êtes perdus sans ressource, un gouffre sans fond va vous couvrir!

Le Secret de l'Etat,
ou le Dernier cri du vrai patriote.
par m. Piard.

an 4. 1796.

www.ingramcontent.com/pod-product-compliance
Lightning Source LLC
Chambersburg PA
CBHW060537050426
42451CB00011B/1770